24 merveilleuses histoires pour attendre Noël

FLEURUS

Illustration de couverture : Katya Longhi

Direction : Guillaume Pô
Direction éditoriale : Sarah Malherbe
Édition : Anna Guével, Astrid de Moussac
Conception graphique : Maïté Dubois, Elfried Werner
Direction de fabrication : Thierry Dubus
Fabrication : Marie Guibert

57 rue Gaston Tessier, 75019 Paris.

ISBN : 978-2-2151-8177-4
MDS : 592556N1

24 merveilleuses histoires pour attendre Noël

FLEURUS

Sommaire

1er décembre

Un Avent au goût de rêve

Par une belle matinée, le premier jour de décembre, Clara joue au parc avec sa mère. Soudain, elle remarque sur un banc un paquet-cadeau étrange qui semble bouger tout seul.

« Tiens, qui a oublié son paquet ici ? » s'étonne Clara.

Tandis qu'elle s'approche, mystérieusement attirée, le papier scintille de plus en plus. La fillette découvre alors un petit mot sur le cadeau : « *Chère enfant, ce paquet est pour toi. Une mamie qui aime te regarder courir.* »

« Il n'y a personne d'autre dans ce parc, pense Clara. Ce cadeau est donc pour moi ! »

À peine a-t-elle ouvert le papier qu'elle voit briller de mille feux un magnifique calendrier de l'Avent sur lequel est écrit : « *Chaque jour, rêve et espère. J'exauce un vœu ou une prière.* »

De retour chez elle, tout excitée, Clara accroche le calendrier près de son lit. Puis elle ouvre la première fenêtre en rêvant d'une nouvelle étoile pour son sapin.

Cling ! En courant au salon, la fillette découvre la plus belle étoile que le ciel ait portée, juchée au sommet de l'arbre !

« Ce calendrier est magique ! s'exclame Clara en sautant de joie. Mais qui est cette nouvelle mamie qui pense à moi ?

— Quelqu'un de très bon sans doute, répond sa mère. Pourquoi ne lui offres-tu pas quelque chose en retour ?

— Une couronne de l'Avent ! J'en ai justement préparé une à l'école ! »

Le lendemain, Clara dépose sur le banc un paquet accompagné d'une petite carte : « *Chère mamie, voici une couronne de l'Avent pour que tu penses à moi comme je pense à toi.* »

Les jours passent. Chaque matin, Clara fait un petit vœu pour tous ceux qu'elle aime et son souhait se réalise.

Le 2 décembre, c'est une belle robe pour sa poupée Agathe ; le 11, une broche en forme de cœur pour sa maman ; le 18, de nouvelles barrettes pour son amie Marie…

Le 24 décembre, n'y tenant plus, elle fait le premier souhait pour elle-même : « Calendrier, chuchote-t-elle, fais-moi rencontrer cette nouvelle mamie ! »

Lorsqu'elle va au parc l'après-midi, Clara remarque tout de suite sur le banc une belle femme aux cheveux blancs qui regarde au loin.

« Vous devez être ma nouvelle mamie, sourit la fillette.

— Ta mamie et ta bonne fée ! J'ai plus d'un tour dans mon sac et je te promets bien des surprises, ma petite Clara ! Et pour commencer, allons contempler les maisons illuminées. Ferme les yeux, tu vas t'envoler ! »

2 décembre

Les santons de la boîte à chaussures

Il était une fois des santons qui s'ennuyaient tout au fond d'une boîte à chaussures. Ils avaient été achetés par une vieille dame il y a très, très longtemps, mais depuis des années, ils ne sortaient plus jamais de leur boîte.

Noël approchait et les santons espéraient encore mettre le nez dehors ! L'âne et le bœuf, Marie et Joseph, le berger et les moutons, tous rêvaient d'une belle crèche dans le salon.

Dans la maison, la famille s'activait : Victor écrivait une lettre au père Noël, sa maman faisait la liste des invités pour le réveillon, son papa cherchait une idée de cadeau… Mais personne ne se souciait d'aller ouvrir la vieille boîte à chaussures.
« J'en ai assez, dit un jour le berger, il y a forcément une solution pour sortir d'ici ! » Et pendant la nuit, il souleva le couvercle avec l'aide du bœuf qui était costaud, descendit le long des parois grâce à l'échelle du meunier et arriva bientôt sur l'étagère à chaussures. Il se glissa alors sans bruit dans une paire de baskets et attendit.
« Aïe ! Qu'est-ce qui me fait mal ? » se plaignit Victor le lendemain. Intrigué, il sortit d'une de ses baskets le berger pas très rassuré.
« Chouette, un bonhomme ! » Et Victor se mit à jouer avec le berger. Il lui fit conduire sa belle voiture de sport et le fit lutter contre son robot Turbotractor.
Le soir, sa maman fut très étonnée en trouvant dans la chambre de Victor, bien

rangé à côté du robot et de la voiture de sport, le berger un peu fatigué de sa longue journée.

« Ça alors, mais comment est-il arrivé ici, ce petit santon ? » s'exclama-t-elle. Elle le saisit délicatement et le regarda longuement.

« Quand j'étais petite, c'était mon personnage préféré, dit-elle à Victor en souriant. Avec ta mamie, on faisait des crèches extraordinaires ! On froissait du papier rocher pour le décor, et on installait même une ampoule pour éclairer la grotte… »

Alors le lendemain, elle sortit la vieille boîte à chaussures du placard et installa avec Victor tous les personnages de la crèche : l'âne et le bœuf, Marie et Joseph, et bien sûr le berger et ses moutons.

La maman de Victor fut un peu surprise le soir venu. Il y avait deux nouveaux santons : Turbotractor et la voiture de sport ! « Ils veulent accompagner le berger, dit Victor. Et moi, je ne peux pas les empêcher… D'accord ? »

3 décembre

Petit sapin deviendra roi

Autrefois, à Noël, les enfants laissaient leurs souliers n'importe où : sous leur lit, près de la porte, au pied de la cheminée… Le père Noël ne savait jamais où déposer ses cadeaux. Il tâtonnait dans le noir à la recherche des souliers et se cognait aux meubles. Un jour, il décida que tout le monde aurait désormais un arbre de Noël et poserait ses souliers dessous. Et il organisa un concours pour désigner celui qui aurait l'honneur de devenir « l'arbre de Noël ».

Dès le printemps, le père Noël se mit en route pour passer en revue les candidats. Tous voulaient se présenter sous leur meilleur jour.

En Europe, les chênes, les bouleaux, les platanes se couvrirent de feuilles tendres et vertes : « Regardez, père Noël, comme nous sommes beaux et majestueux !
— Mouais… sauf qu'à Noël, vous aurez perdu toutes vos feuilles et vous aurez l'air de vieux squelettes ! »
En Afrique, le père Noël tomba sur le baobab : « C'est moi ton arbre, papa Noël, car je suis le plus gros du monde !
— C'est bien là le problème : comment veux-tu entrer dans les maisons ? »
En Amérique, le père Noël rencontra le séquoia : « Trop grand ! » Au Japon, le bonsaï : « Trop petit ! » Dans les îles, le palmier : « Difficile à décorer ! »
L'hiver venu, le père Noël finit par rentrer chez lui bredouille.

Fatigué par son voyage, il rata l'atterrissage de son traîneau qui fit des cahots dans la neige. « Aïe ! Ouille ! Attention, il y a quelqu'un dessous ! résonna une petite voix étouffée.

— Qui a parlé ? s'étonna le père Noël.

— Moi, le sapin ! » lui répondit un minuscule arbre couvert de neige.

Le père Noël se rapprocha : « Oh, petit sapin, tu es si discret que je t'avais oublié. Pourquoi n'as-tu pas participé au concours de l'arbre de Noël ?

— Je suis trop petit, trop piquant et trop banal pour avoir cet honneur ! » soupira le sapin en frémissant de toutes ses aiguilles.

La neige qui le recouvrait s'éparpilla alors sur le sol. Et dans son manteau vert, des cristaux de givre se mirent à briller comme une guirlande d'étoiles.

Émerveillé, le père Noël se pencha sur le sapin et huma sa douce odeur de résine.

« J'ai fait le tour du monde, mais ce que je cherchais était caché devant ma porte ! dit-il en éclatant de son bon gros rire. Désormais, je te le promets, à Noël ce sera toi le roi des forêts et de toutes les maisons ! »

4 décembre

Un facteur pas comme les autres

Il était une fois un petit garçon qui s'appelait Gaston. Il habitait une tour immense avec plein d'appartements et un gigantesque mur de boîtes aux lettres dans l'entrée : deux cent soixante-dix-huit exactement !

« Dis donc, mon garçon, tu voudrais bien m'aider ? demande un jour le facteur. J'ai une livraison spéciale. » Et il sort de sa sacoche des catalogues de jouets : deux cent soixante-dix-huit exactement !

Gaston aime bien le facteur avec son vélo jaune, son ventre rond et ses belles bottes rouge foncé. Alors il l'aide à remplir toutes les boîtes aux lettres. « Pour te remercier, je te donne un catalogue supplémentaire, un catalogue pas ordinaire ! » déclare le facteur. Gaston feuillette le catalogue : il n'a vraiment rien de spécial…

Ce facteur, quel farceur !

Rentré chez lui, il entoure au crayon rouge les cadeaux qui le font rêver : une fusée, de la peinture, une canne à pêche… « J'aimerais tellement tout avoir ! » pense Gaston. Lorsqu'il a fini d'entourer tous les jouets du catalogue, il le glisse sous son oreiller. Et chaque soir, avant de dormir, il le regarde en rêvant.

Au milieu de la nuit du 24 décembre, Gaston se réveille : son oreiller fait une grosse bosse, et en dessous, et partout tout autour, il y a… tous les jouets du catalogue ! Incroyable !

Gaston est fou de joie ! Il se lève pour prévenir ses parents, mais il trouve devant sa porte une paire de bottes rouge foncé avec un petit mot à l'intérieur :

« *Gaston, je suis débordé, jai besoin de ton aide. Signé : P. N.* »

« Zut, ces jouets ne sont pas pour moi », pense Gaston, déçu.

En boudant, il enfile la paire de bottes. Ça alors, elles rapetissent juste à sa pointure… et deux rennes et un traîneau étincelant apparaissent à la fenêtre !
« Génial, cette nuit, c'est moi le père Noël », sourit Gaston. Il charge tous les jouets dans l'attelage, puis il commence sa tournée. « Hue ! J'ai beaucoup de cadeaux à distribuer : deux cent soixante-dix-huit exactement ! »
Le lendemain matin, sa maman vient le réveiller : « Gaston, quelle idée d'avoir dormi avec des bottes ! Viens voir, le père Noël est passé ! » Gaston bâille : il a volé toute la nuit dans le traîneau du père Noël. Mais il ne racontera rien aux grands… Et il regarde ses bottes en souriant !

5 décembre

Le voyage de la lettre de Zoé

Zoé a pris son beau papier à lettres multicolore pour écrire sa commande au père Noël. Sûre que son vœu sera exaucé, elle va poster sa lettre. Mais le vent se lève et, soudain, la précieuse enveloppe est happée par un tourbillon de neige !

« Oh non ! s'écrie Zoé, désemparée. Le père Noël ne va jamais recevoir ma commande ! »

La lettre, poussée par le vent, continue son voyage à travers les nuages. Pendant plusieurs jours, elle affronte les bourrasques, essuie une tempête de grêle, passe entre les gouttes de pluie, puis retrouve enfin le calme. Et par une belle matinée ensoleillée, elle arrive en Australie où un kangourou l'attrape d'un saut de géant.
« Ça alors, une lettre pour le père Noël ! dit-il, stupéfait. Vite, il faut à tout prix qu'elle arrive à destination ! »
Il la fourre dans sa poche ventrale et se rue à grands bonds vers l'océan Pacifique pour la donner à son ami le dauphin. Aussitôt, le mammifère marin fend les vagues vers l'Amérique du Sud. Là, il passe le relais à son ami le cheval de Patagonie. Celui-ci attrape la lettre et galope à travers les étendues de pampa et les majestueux fleuves de glace.
Au détour d'un pic escarpé, il voit le flamant rose qui prend un bain d'eau salée.
« Vite, le père Noël va partir faire sa tournée. Si l'on ne se presse pas, Zoé n'aura pas de cadeau cette année ! »

Sans plus attendre, l'oiseau prend la lettre dans son bec et gagne le pôle Nord à tire-d'aile. Essoufflé, il se pose sur un iceberg où l'ours polaire fait sa sieste.
« Plus qu'un quart d'heure avant le départ du père Noël, cours vite ! » lance le flamant rose, encourageant son ami.
L'ours blanc traverse alors les bancs de glace à une vitesse incroyable. Tout à coup, il aperçoit le traîneau qui s'apprête à décoller. « Père Noël, j'ai quelque chose pour vous ! » s'égosille l'ours. Le grand homme s'empresse de lire la lettre… et place aussitôt dans sa hotte un dernier cadeau.
Zoé en est sûre, ça s'est passé ainsi ! Elle le sait parce que son vœu a été exaucé. Elle vient de déballer la plus fabuleuse peluche qu'elle ait jamais vue : elle a la poche du kangourou, la queue du dauphin, la crinière du cheval, les ailes du flamant rose et la blancheur de l'ours polaire. Et elle était emballée dans un papier multicolore, comme son papier à lettres…
Et ça, c'est un vrai miracle de Noël !

6 décembre

L'homme au manteau vert

Il était une fois trois jeunes filles, très belles mais très pauvres. Leur père les aimait tendrement mais avait beaucoup de mal à gagner sa vie pour les nourrir. Un jour de décembre, trois vieux grincheux se présentèrent pour demander la main des jeunes filles. Ils étaient très riches et le père, le cœur serré, accepta. En apprenant la nouvelle, les trois sœurs coururent au jardin en pleurant à chaudes larmes :

« Oh ! mon Dieu, je ne veux pas épouser cet horrible vieillard !

— Je préfère encore rester pauvre et avoir faim !

— Tout ce que nous voulons, c'est être heureuses ! »

Au même moment, dans la ruelle qui longeait le jardin, un vieil homme passait en clopinant sur son âne. Il était vêtu d'un manteau vert tout râpé, portait une longue barbe blanche et un gros sac sur son dos. Il s'arrêta un instant pour écouter les sanglots des jeunes filles, puis poursuivit son chemin.

Mais le lendemain, au petit matin, les trois sœurs découvrirent dans leur cheminée trois gros sacs posés au milieu de la cendre. En les ouvrant, elles virent qu'ils étaient remplis de pièces d'or ! Qui leur avait apporté ce splendide cadeau ? Grâce à cet or, elles pourraient vivre avec leur père sans se soucier de l'avenir, et épouser le garçon qui leur plairait.

N'osant encore croire à leur bonheur, elles sortirent pour se renseigner.

Dans les rues, les riches marchands et les bourgeois marchaient d'un air pressé et soucieux, comme d'habitude. Mais dans les yeux des enfants et des mendiants, les trois sœurs remarquèrent une

étrange lueur de joie. Alors, quand elles virent une fillette aux mains pleines de friandises, elles lui demandèrent qui lui avait apporté tous ces bonbons.

« Saint Nicolas bien sûr !

— Mais nous n'avons jamais entendu parler de lui !

— C'est un vieux monsieur habillé en vert. Chaque année, le 6 décembre, il donne des cadeaux aux pauvres et des bonbons aux enfants. Personne ne l'a jamais vu car il passe la nuit. Mais moi, je sais qu'il existe ! »

Jamais les trois sœurs n'oublièrent saint Nicolas. Grâce à lui, elles vécurent heureuses et se marièrent avec le garçon qu'elles aimaient. Quant au vieil homme, personne ne sait ce qu'il est devenu. Mais certains racontent qu'il a déménagé au pôle Nord et troqué son manteau vert contre une veste rouge…

7 décembre

Les mystérieuses fèves de Noël

Il y a fort longtemps, alors que personne ne connaissait encore le chocolat en Europe, la petite boutique de Fernando fut le théâtre d'une fabuleuse découverte. Fernando était espagnol et confiseur. Il fabriquait des bonbons à longueur de journée…

« Monchieur Fernando ! Monchieur Fernando ! » crie le facteur en entrant dans la confiserie. « J'ai un paquet pour vous ! »

Fernando sort de la cuisine les mains couvertes de sucre rose et le nez taché de caramel.

« Cha vient des Amériques ! » précise le facteur en chuintant de plus belle à cause de son petit cheveu sur la langue.

Fernando ouvre le paquet avec impatience. Sa sœur est partie aux Amériques il y a très longtemps et, à Noël, elle lui envoie toujours un cadeau, un souvenir de là-bas. Cette fois-ci, pourtant, le confiseur est un peu déçu. Le paquet ne contient qu'un sac sur lequel est écrit « Fèves de cacao ». Il est rempli de grosses graines marron foncé, irrégulières et pas très jolies.

Heureusement, la sœur de Fernando a glissé une carte dans le paquet. En la lisant, le confiseur retrouve le sourire : c'est une recette de cuisine !

« Qu'est-che que ch'est ? demande le facteur avec curiosité.

— Attendez-moi là » répond Fernando en retournant dans sa cuisine, le mystérieux paquet de graines sous le bras.

Lorsqu'il revient enfin, après deux bonnes heures, le facteur est profondément endormi sur une chaise. Fernando lui glisse sous le nez une assiette garnie de petites boules marron.

« Chnif ! Chnif ! » fait aussitôt le facteur en remuant le nez et en se réveillant complètement. « Cha chent très bon !

— Goûtez ! » l'invite Fernando en lui tendant l'assiette.

Le facteur hésite un instant. C'est la première fois qu'on lui propose des bonbons marron et cela ne le tente pas beaucoup. Par politesse, il se sert pourtant, croque avec prudence dans une petite boule et… sourit de toutes ses dents.

« Mais ch'est délichieux ! Comment cha ch'appelle ?

— Ma sœur m'écrit que, là-bas, aux Amériques, ils appellent cela le *xocolatl*. »

Pauvre facteur ! Voilà un mot bien difficile à dire quand on a un cheveu sur la langue.

« Le *chocolatl* ? essaye-t-il de prononcer.

— Non, *xocolatl*, corrige Fernando.

— *Chocolat* ? »

Fernando le regarde en riant : « Vous avez raison, c'est plus facile ainsi. Nous l'appellerons le *chocolat* et ce sera ma nouvelle friandise de Noël ! »

8 décembre

Le bonhomme de neige solitaire

Jadis vivait, tout en haut d'une montagne, un grand bonhomme de neige solitaire. Il ne fondait jamais, car il habitait le pays des neiges éternelles.

Noël approchait et il se sentait seul. « Voilà des années que je suis ici ; est-ce qu'un jour je fêterai Noël avec des amis ? »

Et sous son chapeau noir, tout en fumant sa pipe en bois, le bonhomme de neige se mouchait, essuyant ses yeux de pierre et son nez de carotte.

Un matin, le brouillard se leva et recouvrit la montagne. « Hou hou ! Où êtes-vous ? Hou hou ! Je ne vous vois plus ! » Une petite voix résonnait depuis le sommet. Elle réveilla le bonhomme de neige qui somnolait.

C'était une fillette en raquettes qui appelait sa famille. Elle était complètement perdue… Elle aperçut alors le bonhomme de neige grâce à son nez orange qui pointait. Fatiguée et rassurée par sa présence, elle s'assit à ses pieds et ne tarda pas à s'endormir contre lui.

Le cœur du bonhomme de neige se mit à battre très fort ! « Cette petite fille va mourir de froid si elle reste là, pensa-t-il. Elle est si jolie avec ses moufles rayées et son bonnet tricoté. »

Dans sa poitrine, le cœur du bonhomme de neige cognait de plus en plus fort. Soudain, une grande chaleur inonda son corps : il frémit de la tête aux pieds, puis ses bras se levèrent, saisirent la fillette, et ses jambes se mirent à marcher. Vite, vite, il descendit la montagne à grandes enjambées vers la vallée.

Des voix retentissaient partout dans la nuit. « Tout le monde te cherche… » murmura le bonhomme de neige.

Quand il arriva près d'un chalet, il déposa la fillette endormie contre la porte, sonna et partit se cacher dans le jardin.

Il resta longtemps à regarder par la fenêtre la petite fille qui se réveillait : elle buvait du lait chaud, une grosse couverture sur le dos, entourée de son papa et de sa maman si heureux de l'avoir retrouvée. Personne ne faisait attention à lui, mais à un moment, la fillette le vit : le bonhomme de neige lui fit un petit signe de la main et elle lui sourit.

Tout en haut de la montagne vit désormais un bonhomme de neige joyeux : il a des bras pour porter, des jambes pour marcher et un cœur pour aimer. Tous les ans, à Noël, il descend dans la vallée. Et le temps d'une nuit, il échange avec la petite fille son chapeau noir contre un bonnet tricoté !

9 décembre

Le Noël de M. Toutoudesuite

Dimitri était un petit garçon très impatient qui ne supportait pas d'attendre. Sous peine d'entrer dans une colère noire, il lui fallait tout, tout de suite : son doudou, son dessert, une histoire, un nouveau jouet…

Les gens le trouvaient très malpoli, ses amis ne voulaient plus jouer avec lui et ses parents, débordés, l'avaient surnommé « Monsieur Toutoudesuite ».

Une année à Noël, très tôt le matin, Dimitri découvrit dans ses chaussures un cadeau gigantesque. Jamais il n'en avait vu de si gros ! Comme à son habitude, il n'attendit pas que ses parents se réveillent pour ouvrir le paquet. Il se précipita dessus et arracha le papier étoilé. Une jolie boîte rouge apparut. Dimitri en retira le couvercle avec impatience et trouva à l'intérieur… un deuxième paquet recouvert de papier rayé.

Vite, le petit garçon sortit ce nouveau paquet de la boîte, arracha le papier rayé et tomba sur une boîte verte. Il l'ouvrit aussitôt pour y découvrir… un troisième cadeau emballé dans un papier brillant. Dimitri le sortit, déchira le papier et vit apparaître une boîte jaune. Très excité, Dimitri en retira le couvercle et aperçut à l'intérieur… un quatrième paquet entouré de papier crépon.

Une boîte bleue, un papier à pois, une boîte rose, un papier rouge, une boîte violette…

Dimitri n'en finissait pas de déballer, ouvrir, déchirer, déballer, ouvrir, déchirer. Tant et si bien que lorsque ses parents le rejoignirent quelques heures plus tard, le petit garçon continuait d'ouvrir son mystérieux cadeau, perdu au milieu des papiers et des boîtes.

Dimitri y passa la journée tout entière et il commençait à faire nuit lorsqu'il n'eut plus devant lui qu'une minuscule boîte verte. Il l'ouvrit avec cérémonie et y découvrit une bille, une simple bille jaune.

« Une bille ! s'extasia-t-il en admirant la petite boule jaune. La plus belle bille du monde ! »

Les parents de Dimitri se demandèrent si leur fils n'était pas malade, car il avait déjà des centaines de billes, toutes plus belles que celle-ci. Ce qu'ils ne comprirent pas tout de suite, c'est que le petit garçon avait tant attendu avant de découvrir cette bille qu'elle était devenue pour lui un véritable trésor. Ce Noël-là, grâce à une minuscule bille, Dimitri reçut un cadeau bien plus merveilleux encore : la patience !

10 décembre

Noël au fond des océans

Ondeline, la petite sirène, aime passer ses journées à observer les hommes. Ne vous imaginez pas qu'elle ait envie d'avoir des jambes à la place de sa queue de poisson. Ah ça, non ! L'une de ses cousines a bien failli mourir pour avoir eu cette mauvaise idée et Ondeline n'a pas du tout l'intention de faire de même. Elle est juste un peu curieuse…

Un jour de décembre, Ondeline revient très excitée de son exploration à la surface. « Les hommes préparent une grande fête, raconte-t-elle à ses amies.

— Une fête ? l'interrogent-elles.

— Oui ! Ils dressent un drôle d'arbre sur la plage, plein de couleurs, de guirlandes et de lumières.

— C'est Noël ! s'exclame alors une petite sirène blonde.

— Noël ? s'étonnent les autres.

— Souvenez-vous de notre cousine, reprend la sirène. Dans ses lettres jetées à la mer, elle nous en parle. Pendant cette fête, les hommes s'offrent des cadeaux et décorent des… »

Elle ne peut terminer sa phrase. Poissons, tritons, hippocampes et sirènes parlent tous en même temps ! Une vraie cacophonie !

« Fêtons Noël !

— Offrons-nous des cadeaux !

— Décorons un arbre ! » lance Ondeline avec enthousiasme.

Aussitôt le silence se fait. Un arbre ?

Où en trouver un quand on habite sous la mer ? Même la vieille murène n'en a jamais vu de toute sa vie malgré son très grand âge.

« Je peux peut-être vous aider, propose timidement le corail.

— Toi ? s'étonne Ondeline. Tu sais où trouver un arbre ?

— Hélas non, avoue le corail. Mais mes branches sont un peu comme celles d'un arbre…

— C'est vrai ! s'écrie Ondeline. Tu ressembles à un arbre ! »

L'enthousiasme s'empare de nouveau de la petite troupe. Un hippocampe apporte des algues multicolores pour faire des guirlandes. Des anémones s'accrochent aux branches du corail comme des boules de Noël. Une étoile de mer se perche même au sommet de l'arbre improvisé.

« J'aimerais participer, annonce soudain la baudroie venue des grandes profondeurs.

— C'est que… » commence Ondeline, un peu gênée.

Il faut dire que la baudroie est un poisson épouvantablement laid, avec un photophore ridicule qui pend de son front. Ondeline a peur que sa présence ne gâche la fête. Mais tandis qu'elle réfléchit à une manière polie de renvoyer l'importune, la baudroie se place derrière le corail et allume sa petite lumière. Soudain, le corail s'illumine comme par magie.

Le premier arbre de Noël sous-marin est né !

11 décembre

La princesse des Glaces

La princesse Cristalline vit au pôle Nord dans un palais de cristal. Comme beaucoup de princesses, elle est adorable mais assez coquine. Et ce jour-là, désobéissant à sa mère, la reine des Glaces, elle quitte le palais pour explorer la banquise.

« La glace se casse parfois, lui a souvent dit la reine. Et tu pourrais tomber dans le souterrain maudit de Mégère, la sorcière des mers ! » Mais sur son petit traîneau argenté, Cristalline a oublié les avertissements de sa mère.

Tout à coup, CRAAAC, la banquise casse et Cristalline tombe dans un tunnel. C'est affreux, elle est dans le souterrain maudit de Mégère la sorcière ! Et les parois sont si lisses qu'elle glisse de plus en plus vite, pendant longtemps, longtemps…

Terrorisée, Cristalline s'arrête enfin dans une petite pièce blanche. Une vitre pleine de buée laisse entrevoir une ombre et un chaudron. C'est sûrement Mégère.

Elle est déjà au courant de la chute de la princesse et elle prépare un bouillon bien chaud pour la manger.
Cristalline se fait toute petite. Elle entend la sorcière grommeler d'une voix grave : « Pas beaucoup de temps… Hum… les enfants… Hum… je les aime tant. »
Mégère doit avoir grand-faim. Cristalline se recroqueville autant qu'elle peut, mais soudain, catastrophe, elle éternue : « Atchoum ! » Aussitôt Mégère lève une main et mille petites ombres jaillissent de partout.
« Quelqu'un traîne par là. Cherchez donc… »
Cristalline ferme les yeux, tremblant de peur. Mais tout près d'elle, une voix chantonne : « Qu'elle est mignonne ! Tu crois qu'une poupée lui ferait plaisir ? Elle a l'air si effrayée. »

Cristalline ouvre les yeux. Dix lutins la contemplent avant de détaler en criant : « Père Noël, on a trouvé une petite fille. Elle est tombée dans le tunnel enchanté ! »
Le père Noël arrive aussitôt en souriant : « Tiens, mais c'est la princesse Cristalline qui a découvert le secret de mon atelier ! »
Cristalline se frotte les yeux : « Vous n'êtes pas Mégère ? Vous n'allez pas me manger ? »
— Ah, ah, ah ! » Le vieil homme rit si fort que les murs de glace s'entrechoquent. « Il n'y a aucune sorcière ici, foi de père Noël ! C'est moi qui ai tout inventé pour que personne ne cherche mon atelier. Mais puisque tu l'as trouvé, je t'emmène faire ma grande tournée dans mon traîneau ! »
Quel merveilleux Noël pour la princesse des Glaces même si, il faut l'avouer, elle a eu ce jour-là la plus grande peur de sa vie !

La grande parade des jouets

Aujourd'hui, au pays du père Noël, c'est la fête des lutins ! Comme tous les ans avant Noël, ils se préparent depuis des semaines à cette assemblée. Chaque atelier va y présenter les derniers jouets qu'il a créés. Tous les lutins ont travaillé avec joie et entrain pour ce grand jour, et chacun rêve à la belle récompense : les félicitations du père Noël et une grande boîte de chocolats pour l'atelier le plus original !

« Alors, Barnabé, interroge Anatole en montant le grand escalier de la salle des spectacles. Quelle trouvaille vas-tu nous présenter aujourd'hui ? Un train parlant, extravagant ?

— Tss tss tss, tu verras bien ! Et toi, Anatole, que mijotes-tu ? Ton atelier des avions et objets volants a encore dû faire des merveilles ! »

Dans un joyeux brouhaha, les lutins s'installent sur les bancs de la salle, décorée de rouge et d'or comme un théâtre. Et le moment tant attendu arrive enfin : Balthazar, le lutin en chef, se lève et frappe trois coups sur son pupitre.

« Mes amis, c'est avec joie que je déclare notre grande assemblée ouverte ! Père Noël, nous vous présentons nos nouveautés ! »

En une parade enchantée défilent alors les jouets les plus incroyables, les plus charmants et les plus touchants que l'on puisse imaginer. Toute l'assemblée pousse des « oh » et des « ah » d'étonnement devant le train cascadeur de Barnabé, l'oiseau-aquarium d'Anatole, les pantins mécaniques d'Isidore, les bulles de savon qui n'éclatent jamais d'Albert…

« Et maintenant, pour finir, j'appelle Léonard, chef de l'atelier des poupées ! » s'exclame Balthazar.

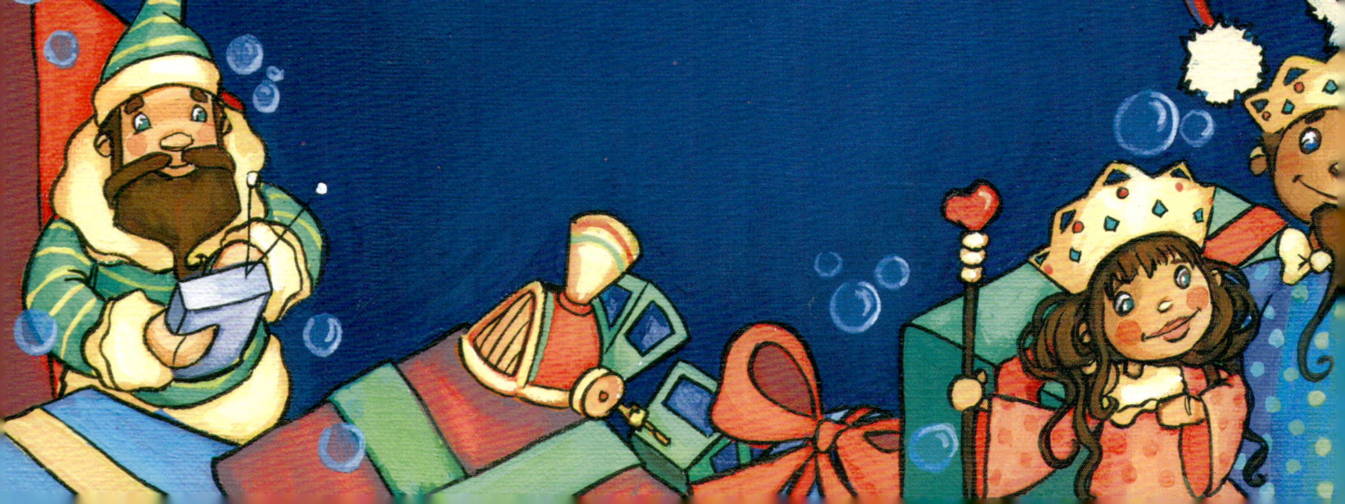

Devant les lutins fascinés, Léonard fait alors danser une poupée ravissante au son d'une petite flûte. « Je vous présente Dorothée, la seule poupée qui s'anime et danse au son de cette flûte magique ! »

Les lutins applaudissent des deux mains, ravis, charmés, éberlués. « Bravo, hourra ! » entend-on de-ci de-là.

« Tout cela est merveilleux, extraordinaire ! s'enthousiasme Balthazar. Père Noël, l'heure est maintenant venue de nous révéler le jouet que vous choisissez entre tous !

— Mes chers lutins, cette année vous vous êtes surpassés ! Toute la magie de Noël est là et je veux vous féliciter ! Je vous déclare tous grands gagnants : chacun de vous recevra un beau calendrier de l'Avent… et des chocolats pour les gourmands ! »

13 décembre

Miss Catastrophe

Sigrid était de loin la petite fille la plus maladroite de tout le Grand Nord. À un an, en se rattrapant à la nappe de la salle à manger, elle fit tomber tout le couvert. Ce fut sa première maladresse… et la première d'une très, très longue série ! Tant et si bien qu'on la surnomma « Miss Catastrophe ».

Chaque 13 décembre, dans le Grand Nord, les enfants apportent des bougies et des friandises à leurs parents pour fêter la Sainte-Lucie. Hélas ! quand on s'appelle Miss Catastrophe, il est impossible de porter à la fois des bougies et des gâteaux sans faire de bêtise.

Une année, Sigrid brûla les friandises avec les bougies. Une autre fois, elle s'étala de tout son long dans les petits gâteaux. Mais le jour où elle faillit mettre le feu à la maison en faisant tomber la bougie qu'elle portait, ses parents décidèrent de ne plus fêter la Sainte-Lucie. C'était beaucoup trop dangereux ! La maison de Sigrid était donc la seule où personne ne s'amusait ce jour-là.

C'était si triste qu'à l'âge de six ans, Sigrid décida de faire quelque chose. La veille de la fête, elle s'enferma dans sa chambre et réfléchit, réfléchit, réfléchit… jusqu'à ce qu'elle trouve enfin une idée.

Le lendemain, ses parents étaient assis dans le salon lorsque Sigrid apparut. « Joyeuse Sainte-Lucie ! » leur cria-t-elle.

Aussitôt, sa maman se leva, prête à intervenir en cas de malheur. Mais, à sa grande surprise, Sigrid s'en sortait à merveille. La fillette portait sans difficulté trois bougies et un plateau de friandises.

Sigrid était-elle enfin devenue moins maladroite ? Sans doute un peu. Mais, surtout, elle avait eu une idée de génie : elle avait fixé ses trois bougies sur une couronne en sapin qu'elle portait sur la tête ! Ainsi coiffée, elle gardait les mains libres pour porter les gâteaux sans provoquer le moindre désastre ! Depuis, on ne l'appela plus jamais « Miss Catastrophe ».

14 décembre

Santa-toctoctoc !

Il était une fois un bonhomme de neige qui adorait son chapeau, son écharpe et son fidèle balai. Mais comme tout le monde à Noël, il voulait revêtir des habits de fête ! Du haut de sa colline, il enviait le sapin qui trônait sur la place du village. Des cheveux d'ange dévalaient ses branches et des boules scintillantes valsaient mystérieusement autour de lui.

« Je voudrais tant briller ainsi ! » murmura le bonhomme de neige en rêvant tout haut.

Porté par la brise, un brin de houx se posa alors sur son nez. « Tu veux briller ? Suis-moi, je peux t'aider ! »

Le bonhomme de neige suivit aussitôt son guide qui virevoltait au-dessus de lui. Après avoir traversé la forêt et franchi un ruisseau, ils arrivèrent devant un gigantesque igloo.

« Santa-toctoctoc ! » dit le brin de houx.

Au son de la formule magique,
la porte s'ouvrit.
« Nom d'une petite carotte ! » s'extasia le bonhomme de neige.
L'igloo regorgeait de trésors. Il y avait là de quoi parer tous les amis du père Noël : des boules volantes pour les sapins, des chapeaux pour les rennes, des vestes fluorescentes pour les lutins, des ailes de rechange pour les anges… Et au milieu de toutes ces merveilles, un petit homme bleu à l'allure de magicien faisait claquer ses doigts.
« Le Maître des Décorations… » souffla le brin de houx.
Le bonhomme de neige s'approcha timidement et lui raconta son vœu : briller comme un sapin de Noël !
« Santa-cadabra ! » prononça alors le petit homme bleu. Et des fleurs à paillettes poussèrent sur un chapeau. « Santa-lakabim ! » clama-t-il à nouveau. Et une écharpe bariolée se mit à scintiller comme si elle venait d'avaler des étoiles. « Santa-bougazam ! » Et d'un balai jaillit un feu d'artifice !

Tout excité, le bonhomme de neige courut se percher sur la colline avec ses nouveaux accessoires et prononça les formules magiques. Aussitôt les promeneurs s'arrêtèrent, fascinés par ce bonhomme de neige qui brillait comme un astre. Il avait si fière allure que les villageois l'installèrent à côté du sapin. Son vœu se réalisait enfin !

« Magnifique costume ! » complimenta le sapin avec un clin d'œil. « Et le tien donc ! » félicita le bonhomme de neige.

« Comme vous êtes beaux… » dit alors une petite voix derrière eux. C'était le lampadaire. Gris et blafard, il avait grand besoin de retrouver des couleurs.

« Tu veux briller ? demandèrent en chœur le sapin et le bonhomme de neige. Suis-nous, on peut t'aider ! »

Cette année-là, à Noël, le village brilla bien plus que le ciel !

Les petits flocons enchantés

Sur l'étendue blanche du Grand Nord, un petit point noir file comme le vent. C'est Kilia, l'Esquimaude, sur son traîneau.

« Cours, Flocon ! » crie-t-elle à son chien. Elle pense au mot qu'elle a laissé à ses parents avant de quitter l'igloo : « *Ne vous inquiétez pas, je pars chercher la maison du père Noël.* »

Tous les ans, Kilia veille la nuit du 24 décembre pour rencontrer le père Noël. Mais chaque fois, elle s'endort. Cette année, ça ne se passera pas comme ça !

Toute la journée, Flocon court à perdre haleine. Kilia scrute l'immensité à la recherche d'un petit toit sombre. En vain. Et peu à peu, la nuit tombe et la tempête se lève.

« Cours, Flocon ! » encourage à nouveau la fillette. Mais soudain, le traîneau se renverse et l'attelage se casse. « Tant pis, continuons à pied ! »

Kilia se met en marche, ses bottes s'enfoncent dans la poudreuse jusqu'aux cuisses. Elle avance de plus en plus lentement… puis plus du tout. Il y a trop de neige. Elle ne sait même plus où elle va. « Nous sommes perdus, Flocon ! » sanglote-t-elle.

Autour d'elle, des milliers de flocons virevoltent dans la nuit. « Nous sommes perdus, petits flocons » répète Kilia en pleurant. Mais tout à coup, il lui semble que les flocons deviennent transparents et qu'ils dansent différemment. Alors la fillette reprend : « Aidez-nous, petits flocons. »

Aussitôt, les étoiles de givre s'arrêtent de tomber et flottent autour d'elle en formant une ronde. Au centre de chaque étoile, Kilia voit surgir une minuscule fée ailée.

Et bientôt, la voici entourée de milliers de fées de la neige aux ailes virevoltantes. Qu'elles sont belles !

La ronde des fées se rapproche de Kilia et, tout doucement, la soulève dans les airs. La fillette se laisse porter dans la nuit en tenant son chien serré entre ses bras.

Boum ! D'un seul coup, les fées les ont lâchés. Kilia et Flocon sont tombés sur un gros tas de neige. Au sommet, un trou laisse échapper un léger panache de fumée. « Mais c'est la maison du père Noël ! J'avais oublié qu'elle est couverte de neige… La seule entrée, c'est donc la cheminée. » Et aussitôt, Kilia s'engouffre dans le trou.

C'est ainsi que cette nuit-là, elle fit la rencontre du père Noël. Ce qu'ils se sont dit, nul ne le saura jamais. Mais lorsque le père Noël raccompagna la fillette chez elle sur son traîneau, elle avait de telles étoiles qui dansaient dans les yeux que ses parents n'eurent pas le cœur de la gronder…

16 décembre

Silence dans l'étable !

Une légende raconte que, chaque année pendant la messe de minuit, les animaux se mettent à parler. Passant près d'une étable le soir de Noël, deux frères voulurent en avoir le cœur net.

« Un bœuf n'est bon qu'à tirer la charrue, sûrement pas à avoir la langue bien pendue ! plaisanta Gildas, l'aîné des deux garçons.

— Tu peux toujours te moquer, répondit Basile. Moi, je te parie dix corvées de bois que ce soir, un bœuf parlera !

— Eh bien, cachons-nous dans l'étable jusqu'à minuit, et nous verrons ! »
Les deux garçons se glissèrent sans bruit à côté des bœufs et attendirent... Ils ne savaient pas que, par la porte entrebâillée de l'étable, les bœufs avaient entendu leur pari. Les douze coups de minuit sonnèrent bientôt. Dans le silence qui suivit, les frères entendirent des gargouillis.
« Basile, fais taire ton ventre, tu vas effrayer les bœufs, se moqua Gildas.
— Mais ce n'est pas moi ! » protesta Basile.
Le silence retomba, suivi quelques instants plus tard de nouveaux gargouillis.
« Tu fais bien plus de bruit que tous ces bœufs réunis, railla Gildas.
— Je te dis que ce n'est pas moi ! » insista Basile.
Cette fois, les gargouillis résonnèrent si fort que les murs tremblèrent. Plus de doute : le bruit venait de l'estomac d'un énorme bœuf, tout près de là.
« J'ai faim. Que mangerons-nous demain ? demanda l'animal, malicieux.
— Je goûterais bien un peu de Gildas, répondit son voisin.
— Coupé en rondelles avec des carottes ! ajouta un autre.
— Le tout grillé à feu vif ! clama le dernier. »
Gildas eut si peur qu'il sortit de l'étable comme s'il avait le feu aux fesses ! Les bœufs rirent jusqu'au matin, contents de ce petit tour qu'ils ne peuvent jouer qu'une fois par an ! Quant à Basile, il abandonna ses corvées de bois à son frère, et se chargea de répandre longtemps encore la légende.

17 décembre

À la belle étoile

Demain matin, c'est Noël. Gaspard est allongé sous sa couette qui, elle, somnole déjà. Dehors, il devrait faire nuit noire, mais des flots de lumière passent au travers des rideaux de la chambre. Des milliers d'étoiles brillantes éclairent le ciel et empêchent Gaspard de s'endormir. Or, sa maman l'a prévenu, le père Noël ne passe pas pour les enfants réveillés. Il faut absolument que le petit garçon trouve un moyen de faire disparaître toutes ces lumières du ciel…

Il attend que ses parents soient couchés et sort de la maison à pas de loup, bien décidé à éteindre les étoiles. Dehors, il s'assoit sur un petit tronc d'arbre frileux et cherche une idée. Il regarde la lune, ce gros bouton doré posé très haut dans le ciel. C'est forcément le moyen d'éteindre toutes les étoiles d'un seul coup !

Mais debout sur la pointe des pieds, Gaspard est loin de pouvoir l'atteindre. Et même s'il réussissait à grimper sur le plus grand des peupliers, il serait encore trop petit…

Derrière deux maisons assoupies l'une contre l'autre, il aperçoit soudain le père Noël qui lance des poignées d'étoiles ! Surpris de le voir, Gaspard lui demande : « Pourquoi est-ce que tu jettes toutes ces étoiles qui m'empêchent de dormir ? »

Le père Noël lui répond doucement : « Je vais te dire un secret : mes rennes ont peur du noir ! Et puis je dois leur éclairer la route pour qu'ils n'oublient personne ! » Et tandis qu'il enfourche son traîneau, le père Noël ajoute dans un clin d'œil : « Tu sais, chaque enfant a sa bonne étoile. Tu devrais en adopter une. Elle veillerait sur toi pour que tu t'endormes vite ! »

De retour dans sa chambre, Gaspard observe les étoiles. Il en choisit une toute petite, très discrète, en espérant qu'elle acceptera de l'aider à dormir.

Cette étoile est si minuscule qu'elle pensait ne jamais être choisie. Émue, elle s'approche de la fenêtre, et grossit, grossit, jusqu'à emplir la chambre de sa lumière.

Gaspard sent alors un tout petit bisou sur son nez. C'est sa maman qui le réveille : il fait grand jour. Vite, il se précipite dans le salon pour voir si le père Noël ne l'a pas oublié. Et près de la cheminée, il découvre des cadeaux recouverts d'étoiles scintillantes. Alors Gaspard leur sourit car il sait maintenant d'où elles viennent : de la poche du père Noël !

18 décembre

La bûche de Noël arc-en-ciel

Émilie a attendu que tout le monde s'endorme pour se glisser dans la cuisine. Elle meurt d'envie de goûter à la bûche de Noël qu'elle a préparée avec sa maman. Les yeux gourmands, elle ouvre le frigidaire et s'empare de la pâtisserie. Mais le plat lui échappe des mains et, patatras !, s'écrase sur le sol.

« Oh non ! Je vais me faire gronder et en plus, il n'y aura pas de dessert pour Noël ! » se lamente Émilie.

C'est alors que dans un tourbillon arc-en-ciel surgissent trois lutins.

« SOS-Dessert à ton service ! claironne Le Joufflu.
— On t'emmène au marché des lutins ! annonce Le Dodu.
— Il y a tout ce qu'il faut pour préparer une nouvelle bûche ! » ajoute Le Goulu.
Et sans plus attendre, ils entraînent Émilie dans leur tourbillon multicolore. Quand elle rouvre les yeux, elle ne sait plus où regarder. Des dizaines de lutins s'activent derrière leurs étals colorés. Ils vendent des choses qu'elle n'a jamais vues : de la gelée verte, de la farine orange, des œufs carrés et une poudre rose qui sent si bon qu'elle plongerait bien le nez dedans.
« De la Galigounize, indique Le Joufflu en se frottant le ventre.
— J'en prends deux cents grammes ! » dit Émilie, enthousiaste.
Un peu plus loin, un coulis jaune mijote dans une grosse marmite.
« De la Patalanisse, dit Le Dodu en se léchant les babines.
— Donnez-m'en vingt centilitres ! » s'écrie Émilie.

Le Goulu arrive alors les bras chargés de gourmandises.
« Voilà des Zoglabouldis, des Blourboules et des Croqlabuzes !
— Et ces graines bleues, on en prend un peu ? » demande Émilie.
Les trois lutins se regardent. « Ça a un goût de céleri.
— Beurk ! » grimace Émilie. Et ils éclatent de rire.
« Il est temps de rentrer préparer le dessert ! »
Le tourbillon arc-en-ciel les ramène dans la cuisine d'Émilie. Ils s'affairent toute la nuit, font fondre les Croqlabuzes, épluchent les Blourboules et mélangent la Galigounize avec la Patalanisse…
Le lendemain, à l'heure du dessert, Émilie apporte une magnifique bûche rose saupoudrée de sucre arc-en-ciel. Tout le monde est impressionné.
« Mais ce n'est pas ma bûche ! » s'étonne la maman d'Émilie. Elle goûte… et la trouve bien meilleure que la sienne ! « Il faudra que tu nous donnes la recette.
— Si je vous la disais, vous ne me croiriez pas ! » assure Émilie.
Elle jette un coup d'œil sous la table et aperçoit les lutins s'éclipser dans un tourbillon arc-en-ciel.

19 décembre

La sorcière de Noël

Il était une fois un petit gitan appelé Matéo. Avec ses parents, il vivait sur les routes, parcourant les pays et s'arrêtant ici et là pour donner des spectacles. Un hiver, la neige encombrait tant les chemins que leur roulotte resta bloquée dans un village, tout au nord de l'Italie.

C'était la veille de Noël. Matéo décora son petit sapin et suspendit, à la porte de sa roulotte, la chaussette de laine où le père Noël viendrait déposer ses cadeaux. Mais quand, au matin, il courut vers sa chaussette, elle était vide ! Matéo se laissa tomber dans la neige en pleurant. Il se sentait si seul. Il n'avait pas d'ami et même le père Noël l'oubliait !

Il entendit alors une drôle de voix grinçante : « Pourquoi pleures-tu, mon garçon ? » Devant lui se tenait une très vieille dame couverte de haillons noirs, avec un chapeau pointu sur la tête et un gros sac sur le dos. Elle avait un menton crochu, des doigts griffus et une verrue sur le nez. Elle faisait peur à voir ! Pourtant, Matéo ne regarda ni ses haillons, ni ses griffes, ni ses rides, mais juste ses yeux malicieux.
« Je pleure parce que je n'ai pas d'ami. Les autres enfants ne jouent jamais avec moi. Ils me fuient ou se moquent de moi. » Le visage de la vieille dame s'éclaira d'un grand sourire. « Je t'ai entendu, Matéo », dit-elle, puis elle disparut.
Comment connaissait-elle son nom ? Pourquoi avait-elle disparu comme par magie ? Ce devait être un rêve !

Matéo partit vers la forêt qui bordait le village. Soudain, une boule de neige atterrit sur son bonnet. Il se retourna et vit une petite fille aux longs cheveux bouclés : « Je m'appelle Luciana, j'habite seule dans la forêt avec mes parents. Tu veux jouer avec moi ? »

Quand, un peu plus tard, Matéo raconta à Luciana que le père Noël l'avait oublié, la fillette éclata de rire : « C'est normal ! Ici, en Italie, ce n'est pas le père Noël qui passe, mais la Befana !

— La Befana ?

— Oui, c'est une vieille sorcière. Tout le monde a peur d'elle car elle est très laide. Elle porte un gros sac rempli de charbon qu'elle distribue aux enfants capricieux. Mais moi, je l'aime bien, elle m'apporte toujours de jolis cadeaux. »

Matéo sut alors qu'il s'était trompé. Cette année, il avait reçu pour Noël le plus beau cadeau dont il pouvait rêver : une amie. Et de ce jour où il rencontra la Befana, il ne se sentit plus jamais seul au monde.

20 décembre

Trois étranges visiteurs

La veille de Noël, alors que les habitants de Solomé s'apprêtent à se coucher, trois étranges personnages entrent dans le village. Le premier vient du Sud. Très grand, avec la peau noire comme le charbon, il ressemble aux hommes de Solomé, mais son costume coloré indique qu'il n'est pas d'ici. À peine entré dans le village, il frappe à la porte de la première cabane et demande à y passer la nuit.

« Je vous paierai, promet-il en souriant.

— Inutile ! répond le chef de famille. Nous accueillons toujours l'étranger sans rien demander. Vous êtes le bienvenu ! »

Le deuxième, qui arrive de l'Est, est beaucoup plus petit. Sa peau paraît un peu jaune et ses yeux fendus ressemblent à deux amandes. Il pénètre dans le village, frappe à la porte de la deuxième cabane et demande à y passer la nuit.
« Je vous paierai, promet-il en souriant.
— Inutile ! répond la maîtresse de maison. Nous accueillons toujours l'étranger sans rien demander. C'est la tradition à Solomé. »
Le troisième descend du Nord. Sa peau blanche a rougi avec le soleil et ses yeux sont aussi bleus que la mer. En atteignant Solomé, il frappe à la porte de la troisième cabane et demande à y passer la nuit.
« Je vous paierai, promet-il en souriant.
— Inutile ! répond l'enfant venu lui ouvrir. Nous accueillons toujours l'étranger sans rien demander. Entrez ! »

Peu après, le silence retombe sur le village. Mais tandis que les trois inconnus dorment paisiblement, les habitants se tournent et se retournent dans leur lit. Qui sont ces hommes ? D'où viennent-ils ? Où vont-ils ? Lorsque les villageois trouvent enfin le sommeil, il fait presque jour. Si bien qu'à leur réveil, les trois inconnus ont déjà disparu. Seul un enfant les a vus repartir ensemble, dans la même direction.

« Ils m'ont donné cela » dit-il en tendant trois petits paquets.

Le premier sachet contient une pépite d'or. Le deuxième est rempli d'une poudre grise qui sent divinement bon : de l'encens. Et le troisième renferme un flacon d'huile odorante : la myrrhe.

« T'ont-ils dit quelque chose ? interrogent les adultes avec curiosité.

— Je crois qu'ils suivaient une étoile qui doit les conduire jusqu'à un enfant dans une crèche. Mais ils m'ont juste dit : "Tu donneras ces présents aux villageois de la part de Gaspard, Melchior et Balthazar !" »

21 décembre

Le petit sapin gelé

C'est un petit sapin tout en haut d'une montagne blanche. Un sapin tellement petit que tout le monde se moque de lui. Un sapin tellement gelé qu'il ne fait qu'éternuer !

« Tu es riquiqui comme un pissenlit, ricane l'épicéa géant.

— Tu es aussi minus qu'une puce, s'esclaffe le mélèze balèze.

— Atchoum ! » fait le petit sapin.

En secret, il s'entraîne à grandir : il agite ses aiguilles, il tortille ses branches, il étire son tronc. « Rien à faire, je suis toujours aussi petit », soupire-t-il en baissant sa tête pointue.

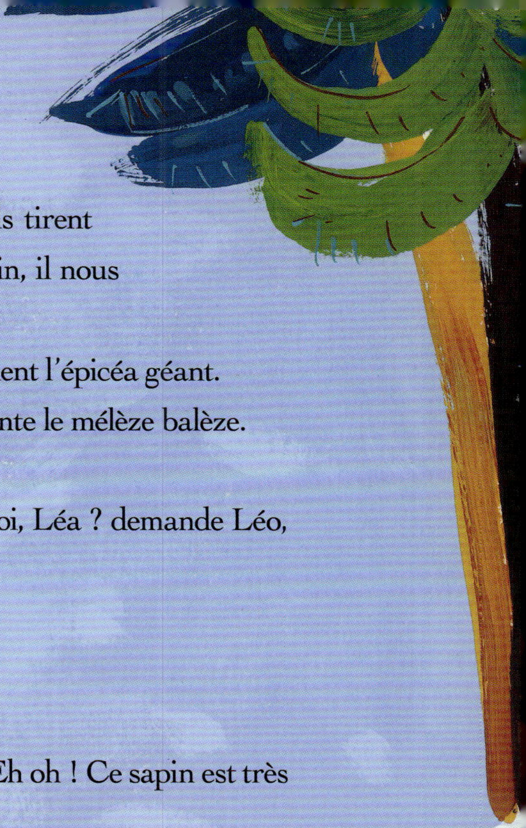

Un jour, cinq petits lutins grimpent sur la montagne. Ils tirent une grande luge en chantant : « Eh hi ! Eh oh ! Un sapin, il nous faut !… Eh hi ! Eh oh ! C'est là notre boulot !

— C'est sûrement moi qu'ils viennent chercher, dit fièrement l'épicéa géant.

— Non, c'est moi. Tu sais que je suis le plus grand ! se vante le mélèze balèze.

— Atchoum ! » fait le petit sapin.

Les cinq lutins s'arrêtent tout net : « Qui a éternué, c'est toi, Léa ? demande Léo, le premier lutin.

— Non, c'est plutôt Noé, répond Zoé, le deuxième lutin.

— Ça venait de ce côté, dit Téo, le dernier lutin.

— Atchoum ! » fait le petit sapin.

Les cinq lutins aperçoivent alors le petit sapin : « Eh hi ! Eh oh ! Ce sapin est très beau ! Eh hi ! Eh oh ! Mettons-nous au boulot ! »

Ils s'arrêtent au pied des trois arbres et sortent des pelles de leurs sacs à dos. Délicatement, ils déterrent le petit sapin, l'installent dans un pot et le fixent sur leur luge. Alors le mélèze balèze et l'épicéa géant lui disent au revoir du bout de leurs branches.

« Et maintenant, en avant pour la grande descente ! »
Les cinq petits lutins grimpent sur la luge qui glisse à toute allure sur les pentes de la montagne. Le petit sapin n'a jamais fait cela de sa vie. Comme il va vite ! Lorsqu'il arrive au bout de la grande descente, il est un peu sonné. Tous les lutins de la montagne l'entourent et commencent à le décorer : une pomme de pin par-ci, une orange par-là, puis un joli ruban de satin rouge et, tout en haut, une étoile qui brille !
« Atchoum ! fait le petit sapin.
— Ce sapin est vraiment gelé », pensent les lutins, qui ont soudain une idée !
Et le 25 décembre, le petit sapin trouve pour son Noël une belle écharpe en laine tricotée par Léa, Léo, Téo, Noé et Zoé ! Une écharpe mauve et argentée qu'il n'a plus jamais quittée.
Si vous partez en montagne, regardez bien, vous verrez peut-être ce petit sapin !

22 décembre

Rodolphe, le petit renne

Autrefois, le père Noël n'avait que huit rennes : Tornade, Danseur, Furie, Fringant, Comète, Cupidon, Éclair et Tonnerre. C'étaient les plus beaux, les plus forts, les plus fiers rennes du pôle Nord.

Un soir de Noël, le père Noël attela ses huit rennes à son traîneau, puis partit faire sa tournée. Mais bientôt le vent se mit à souffler, les nuages à s'amonceler, la neige à tomber. C'était la tempête !

Les huit beaux rennes étaient complètement désorientés. Soudain, Tornade perdit l'équilibre et tomba en entraînant ses compagnons à sa suite. Le traîneau du père Noël se posa en catastrophe sur le sol et l'un de ses patins s'enfonça dans la glace.

Les rennes eurent beau tirer et le père Noël faire son possible pour dégager le traîneau, rien ne bougea.

C'est alors qu'au loin, le père Noël aperçut une petite lueur rouge qui brillait. « Au secours ! » appela-t-il.

La lueur se rapprocha. À mesure qu'elle grandissait, elle éclairait tout aux alentours. Enfin, sous les yeux ébahis du père Noël, apparut une drôle de créature : un petit renne pas très musclé, pas très beau non plus, et dont le nez tout rouge brillait comme un phare dans la nuit !

« Bonjour, je m'appelle Rodolphe, dit le petit renne. Oh ! On dirait que vous êtes bloqués dans un trou. Attendez, j'ai une idée : je vais mettre mon sabot sous le traîneau pour faire levier et vous allez tous tirer très fort. Prêts ? Un, deux, trois ! »

Aussitôt, le traîneau fut libéré. Le père Noël était très reconnaissant : « Rodolphe, j'aimerais beaucoup que tu fasses partie de mon attelage. »
Mais le petit renne se détourna timidement : « Non, père Noël. Je ne suis pas aussi fort ni aussi splendide que vos rennes qui font la fierté du pôle Nord. Ici, tout le monde se moque de moi à cause de mon nez ridicule et de mes cuisses de grenouille. Je vous encombrerais. »
Le père Noël sourit en hochant la capuche et déclara : « Tu n'es peut-être pas très fort, mais tu es débrouillard et plein d'astuce. Et grâce à ton nez, tu pourras nous guider dans la nuit à travers toutes les tempêtes ! »
Et c'est ainsi que Rodolphe est devenu le neuvième renne du père Noël : le plus petit, le plus malin, le plus attachant… et le chouchou de tous les enfants.

23 décembre

Des souris musiciennes

L'organiste de l'église ne cache pas son excitation. Ce soir, c'est la messe de Noël et tout doit être parfait, de son costume impeccablement repassé à la justesse des notes qu'il va jouer. Il a le temps de répéter et il s'assoit sur son tabouret pour se mettre à jouer. Mais à sa grande surprise, aucun son ne sort de l'instrument !

« Comment est-ce possible ? » s'écrie-t-il, stupéfait.

Et il fait à nouveau courir ses doigts sur les touches. Mais l'orgue reste aussi muet qu'une carpe !

Il inspecte le clavier, examine la tuyauterie, vérifie la soufflerie… Et là, que voit-il ? De minuscules crottes de souris. Elles ont mangé le soufflet, quel toupet !

« Une messe de Noël sans musique, c'est comme un père Noël sans sa hotte ! s'exclame-t-il. Si l'orgue fait le ronchon, tant pis, je vais jouer du violon. »

Il se saisit alors de l'instrument dont il n'a pas joué depuis dix ans. Les cordes grincent, et *Mon beau sapin* tourne vite à *Mon beau chagrin*…

L'organiste ne se laisse pas décourager. Il revient avec un tuba et, confiant, entonne l'air d'*Il est né le divin enfant*. Mais de cet instrument, il n'en a pas joué depuis vingt ans. Et le *divin enfant* tourne vite au *divin éléphant* : POM POM POM POMPOM…

Bientôt, son tintamarre désespéré ameute les souris. Voyant l'organiste désemparé, les fautives sont prises de remords.

« Ne vous inquiétez pas, les chants de Noël sont comme des ritournelles, dit la souris en chef. On les entend chaque année, on va vous accompagner. »
Et elle ordonne à toute sa troupe de se mettre en rang.
« Mozart, cesse de renifler. Et toi, Berlioz, jette-moi ce chewing-gum ! »
L'organiste en reste bouche bée. « Nom d'un petit bonhomme, je dois rêver ! »
Une des souris se met à siffler un si, puis une autre un ré, une troisième un sol, et ainsi de suite…
« Plus besoin de clavier ! » lance l'organiste, émerveillé.
Pendant la messe, cachées dans la tuyauterie, les souris sifflent leurs notes avec entrain. Et l'organiste fait semblant de jouer sur le clavier. L'assemblée, elle, n'a rien remarqué et elle félicite le musicien pour sa virtuosité. Ni lui ni les souris ne soufflent mot de leur duo. Chut, ce sera leur secret. Et, foi de musiciens, ils recommenceront l'an prochain !

24 décembre

Le Noël du petit âne gris

Je suis un petit âne gris et boiteux. Mon maître ne m'a jamais aimé. Alors je suis devenu triste et parfois méchant. Avec lui, je peine sur les routes de Judée.

Ce soir, fatigués et pleins de poussière, nous sommes arrivés dans un village appelé Bethléem. Mon maître s'est installé dans la dernière chambre libre de l'auberge. Moi, je suis dans une petite étable paisible où dort déjà un bœuf.

Soudain, la porte s'ouvre.

« C'est pauvre ici, Marie, murmure un homme.

— Ne t'inquiète pas, Joseph, nous serons bien. » Cette voix est si douce que pour la première fois de ma vie, je sens de la joie dans mon cœur. Est-ce un ange qui vient d'entrer ?

Je me lève et vois une ravissante jeune femme soutenant un beau ventre arrondi. Son visage rayonne sous son voile brodé, ses yeux immenses semblent refléter toutes les étoiles du ciel. Elle me regarde et sourit avec bonté.

Je me recouche en bâillant et somnole déjà lorsque le cri d'un bébé retentit. Il est si fort qu'il semble célébrer lui-même la joie de sa naissance !

Je me relève, le cœur battant. Marie, émerveillée, emmaillote le nouveau-né. Joseph, lui, s'inquiète : « Il a peut-être froid ? »

Timidement, je m'approche et souffle sur le bébé blotti au creux des bras de sa mère. Je suis fier de pouvoir faire cela, moi qui ne suis qu'un petit âne mal-aimé.

Une étrange clarté envahit alors l'étable. Dans le ciel éclate le chant d'une multitude d'anges, et, dans un joyeux brouhaha, une foule immense arrive, menée par des bergers.

Cette nuit passe comme dans un rêve et, le matin, le moment que je redoute arrive.

Mon maître ouvre la porte. Devant l'enfant, il dépose un petit sac de pièces d'or, puis il me fait signe de le suivre. Je ne bouge pas, le cœur tremblant.

« Allons, fait-il, avance ! » Je regarde Marie d'un air suppliant. Alors elle dit doucement à mon maître : « Je vous remercie pour le sac d'or que vous offrez à mon fils Jésus, mais votre âne nous serait plus utile, car nous avons maintenant une longue route à faire. »

Mon maître hésite : « Cet âne est parfois brusque, vous savez. » Marie me sourit, confiante : « N'ayez aucune crainte », répond-elle.

Alors mon maître nous salue et s'en va. Mon cœur bondit de joie, j'ai envie de faire des cabrioles. C'est promis, je ne quitterai plus Marie, Joseph et le petit Jésus. Je deviendrai bon et doux, car j'ai enfin trouvé quelqu'un pour m'aimer !

Joyeux Noël !

FSC
www.fsc.org
MIXTE
Papier | Pour une gestion forestière responsable
FSC® C008047

N° d'édition : 24L0600
Achevé d'imprimer en Chine en mars 2024.
Dépôt légal : octobre 2024